# Aprender a escribir un libro

Paso a paso desde la idea del libro hasta su publicación

- Convertirse en autor de forma fácil -

Miriam Hofmann

# CONTENIDO


Qué puedes esperar de este libro ..................................1

Escribe un libro - ¡Sé valiente! ..................................5

El manuscrito acabado no tiene por qué ser
perfecto ..................................14

¿Qué viene después? Una mirada entre bastidores 26

Entre líneas - El socio adecuado para tu historia ...37

El diseño de la portada ..................................45

La publicación ..................................53

Autor - ¿y ahora? ..................................61

# Qué puedes esperar de este libro

Es una verdad universalmente reconocida que un escritor en posesión de algo de tiempo y de una idea no necesita nada más urgente que la motivación. Ahora, si me perdonas por adaptar esta cita de Jane Austen a las circunstancias, permíteme explicar mi pensamiento:

Puedes tener una idea rompedora y todo el tiempo del mundo, sólo que esto sirve de poco si hay falta de motivación. Sin embargo, si ésta también está presente, pueden surgir cuestiones que pueden resultar un poco abrumadoras, especialmente para los autores noveles.

Esta guía pretende arrojar la luz necesaria sobre el tema para que incluso tú, como autor no familiarizado con él, puedas comprender lo que significa escribir y publicar un libro. Hay que decir que también se puede terminar un manuscrito sin pensar siquiera en su publicación. Suena extraño, ¿verdad?

Pero eso es lo que puede quitar mucha presión a todo el asunto. Al fin y al cabo, escribir se trata ante todo de tu idea; de poner tu idea sobre el papel y ver adónde te lleva. Si quieres compartir esa idea con el mundo, ese paso depende en última instancia de ti.

No me malinterpretes: siempre hay necesidad de nuevas historias y de diversidad, incluso en el mercado del libro, pero con esta guía espero darte una nueva perspectiva del gran mundo editorial. Una que te anime a escribir tu historia con la certeza de que primero sólo hay que escribirla.

Supongamos que te armas de valor y decides dar el paso y ponerte en contacto con una editorial. La motivación parece muy diferente cuando entiendes lo que ocurre: ¿Qué ocurre con el manuscrito después de enviarlo? ¿La editorial necesita todo el manuscrito o sólo una parte? Y luego, ¿cuál? ¿Te lo devuelven después o no?

Y una vez que has encontrado una editorial en cuyo programa encaja tu historia, ¿qué viene después? ¿Qué pasos hay que dar hasta que tu creación tiene una cubierta y está en las estanterías de la librería de tu elección? ¿Qué otras formas de publicación existen además de la vía "clásica"?

¿Qué papel desempeñas como autor y hasta qué punto participas en los procesos de la editorial? ¿Tienes enseguida tu propio agente para que te ponga en la lista de los libros más vendidos? ¿Y cómo llega un libro ahí en primer lugar? ¿Cuánto tienen que ver el marketing y las cifras de ventas con un bestseller, y cuánto el contenido real?

Una pequeña burbuja que puede estallar aquí y ahora es ésta: A ti, como autor, puede importarte muy poco si a un completo desconocido que ha comprado el libro le gusta o no.

El hecho de que haya comprado el libro lo precede todo. Al fin y al cabo, el mercado del libro también es sólo un mercado, y eso significa cifras de ventas = tiradas. No se puede hablar de esto sin mencionar a estas alturas los libros de Harry Potter como ejemplo: Basta pensar en las innumerables ediciones, decorativas o ilustradas, de los libros que la editorial Carlsen cuenta entre sus pilares.

Con mi apoyo, deberías aprender a comprender los procesos de un mundo al que también le gusta proporcionarte nuevo material de lectura una y otra vez. No puedes esperar un plan de 10 puntos ni un campamento de entrenamiento que te convierta en el próximo Stephen King, sino simplemente un manual que responda a posibles preguntas y quizás también te quite un peso de encima para que puedas trabajar inspirado y motivado.

# Escribe un libro - ¡Sé valiente!

El término "paracosmos" describe un mundo imaginario, a menudo creado por niños, caracterizado por detalles distintivos como su propia lengua o dialectos, un mundo con tradiciones y características culturales, así como su propia geografía.

Uno de los paracosmos más conocidos es la Tierra Media de J. R. R. Tolkien o Narnia de C. S. Lewis. El libro contiene un mundo paralelo que permite al lector evadirse por un momento de su realidad acompañando en sus aventuras a los personajes que viven en ese mundo paralelo imaginario.

Por supuesto, no depende de ti ahora empezar tan alto con tu primer libro y crear tu propio paracosmos, porque incluso Tolkien necesitó un poco más de tiempo para eso. Podemos empezar poco a poco. Sólo se trata de lo siguiente que debes tener en cuenta cuando pases del papel de lector al de autor:

**1. Escribe lo que tú mismo leerías.** Escribir un libro no significa que debas ignorar por completo tu experiencia como lector. No se trata de lo que está de moda y de lo que *crees* que otra persona leería. El primer lector de esta historia eres tú, así que tienes que asegurarte de que sigue siendo interesante para ti.

**2. Elige un género.** ¿Cuándo se desarrolla tu historia? ¿En el presente o en el pasado? ¿Hay elementos fantásticos o tus personajes están acosados por problemas cotidianos? ¿Tu historia está basada en hechos reales y en ella aparecen personajes de la historia contemporánea?

**3. Investiga.** Independientemente del género que elijas finalmente, es importante que investigues a fondo el tema principal de tu libro. Esto no sólo se refiere a las novelas históricas, sino también a las representaciones de culturas que pueden resultarte extrañas. Averigua cómo surgieron los posibles clichés y si son verdaderos o pueden estar contaminados negativamente.

No puedes hacerlo todo bien como autor, pero tienes la oportunidad de esforzarte al máximo. Un libro siempre es hijo de su tiempo; esto significa que el contenido solía estar sujeto a normas diferentes de las actuales. Digo esto no por razones de corrección política, sino para subrayar que hoy en día la información es más accesible y se dispone de una mayor variedad de textos, libros y fuentes. Así que, ¿por qué no utilizarlo para tus propios fines?

**4. Pregunta por ahí.** Ningún maestro ha caído aún del cielo, como dice el refrán. Puede ser útil pedir opinión a alguien en quien confíes. Pero no así como así: especifica lo que te gustaría saber. Algo como: "¿Crees que la reacción [del protagonista A] es realista en esta situación?", o "Estoy un poco atascado en esta escena; tú sabes cómo hacerla, ¿qué crees que podría mejorar?". Asegúrate de haber acotado adecuadamente esta opinión, porque generalizar no ayuda en el proceso.

Muéstrate también abierto a la crítica constructiva. El hecho de que se exprese abiertamente suele ser también un signo de confianza. En definitiva, los comentarios deben apoyar el proceso y no impedir que crezcas en la tarea.

**5. Escríbelo todo.** Y con eso quiero decir *todo*. Por ejemplo, lleva contigo un pequeño cuaderno, porque puede que tengas una idea al azar para tu historia o simplemente quieras recordar algún comentario para más tarde. Nunca sabes cuándo puedes necesitar esa nota, pero entonces es bueno tenerla ahí.

Sin embargo, lo más importante del proceso de escritura es que te proporcione alegría. Habrá días y momentos en los que te gustaría alzar las manos horrorizada, no lo niego, pero entonces sé misericordiosa contigo misma. Por desgracia, la musa no siempre te besa, pero incluso entonces tendrás que escribir.

Además de motivación, inspiración y tiempo, necesitas otro elemento: rutina. Una página cada día o media página cada día hasta que puedas confiar en ti mismo para hacer más. Escribir debe convertirse en parte de tu día si tu objetivo es un libro terminado.

En el mejor de los casos, no podrás distinguir los días malos de los buenos en tu obra terminada, y si te preguntas qué demonios has hecho, también hay una solución para eso:

Recuerda cuántas veces has leído, borrado, empujado y cambiado tu propio texto. Tus ojos y tu cabeza conocen este texto que tienes delante lo suficientemente bien como para volverse operativamente ciegos. Un lector potencial no sabe nada de él y puede formarse una primera impresión fresca, por así decirlo.

Para poder concentrarte plenamente en tu

historia, es una buena idea no trabajar en demasiados proyectos al mismo tiempo. Puedes ser alguien que tenga varias ideas y otros tantos tableros de Pinterest para ellas, pero por muy útiles que sean para inspirarse, recordar una imagen en un tablero no sustituye a la escritura real y activa. Por tanto:

**1. Una trama / un tema.** ¿Cuál es el tema principal de tu libro? ¿A qué tipo de lector quieres dirigirte y cuál es el mensaje central?

**2. Presentación.** ¿Cómo presentas el contenido? ¿Sigue el lector a un personaje que tiene un problema similar y luego lo resuelven juntos al final? ¿O te ciñes a los hechos y explicas el problema y sugieres posibles soluciones? ¿Es quizás incluso un libro para niños?

**3. Nivel de conocimientos.** Esto es especialmente cierto para los libros/guías de no ficción: ¿es tu libro adecuado para los pequeños conocedores de un tema o debe dirigirse a lectores avanzados? O hazte la siguiente pregunta: ¿Qué dice tu libro que no puedas averiguar por ti mismo simplemente tecleándolo en una barra de búsqueda en Internet?

En cualquier caso, es importante tener en cuenta en qué consiste tu idea. Durante el proceso de escritura, puede ocurrir que muy poco o demasiado de tu idea llegue al papel. Anota de antemano qué debe formar parte definitivamente de la historia, qué escena es insustituible.

Crea una especie de base de datos informativa -ya sea digital o manuscrita- sobre tus protagonistas: Apariencia, estatura, aficiones, rasgos importantes como cicatrices o piercings o quizás incluso enfermedades crónicas/discapacidades que acompañan a estos protagonistas en la vida cotidiana.

A medida que trabajes, estos personajes te irán contando más cosas sobre sí mismos y también debes escribirlo, aunque sean ficticios. Los protagonistas te acompañarán hasta que tu historia esté contada.

Puede que te encuentres pensando cómo le gusta el café a cierto personaje o cuál es su comida favorita. Este es el día a día de un autor y hablarás de tus personajes como si fueran personas reales, porque para ti lo serán. Haz todo lo posible para que tu libro destaque. Por supuesto, no puedes calibrar el impacto desde el principio, pero eso no es lo que se quiere decir con esto. Lo que se quiere decir con esto es que "¡Eso se puede buscar en Google!" podría restar valor a tu obra y ponerle pegas. Y como eso no te ayuda a ti ni a esta guía, recuerda por qué empezaste.

Paso a paso, quítale tamaño a la idea de escribir un libro y no te quites el aire de tus propias velas en el proceso. No es la batalla de David contra Goliat que la gente suele hacer de ella. Claro: lleva tiempo y trabajo y nervios porque no está listo enseguida (para lo que realmente necesitas un largo hilo de paciencia hoy en día), pero merece la pena. De lo contrario, no estarías aquí leyendo esto, ¿verdad?

Aunque tu mayor temor sea que tu manuscrito sea rechazado -y lo será más de una vez-, te tomarás el tiempo necesario para recuperarte de ese revés y volverás a intentarlo, porque ¿qué otra opción tienes si quieres alcanzar ese objetivo de un libro publicado? Incluso los manuscritos de tus autores favoritos fueron rechazados alguna vez y dichos editores siguen lamentándolo hoy en día.

Cuando te rechazan un manuscrito, puedes tener la sensación de que te rechazan personalmente porque te has esforzado mucho, pero no es así. Al fin y al cabo, la editorial o su personal aún no te conocen personalmente y viceversa. Entonces, ¿hasta qué punto puede haber un rechazo personal? Así que ¡ánimo! Atrévete a escribir tu propio libro, porque la idea, una vez asida, no te abandonará y en algún momento se te acabarán las excusas para no intentarlo.

# El manuscrito acabado no tiene por qué ser perfecto

Sí, ese es el titular, y no, no es una afirmación sacada de la nada. Un manuscrito terminado no va directamente a la librería por una buena razón. Al fin y al cabo, empiezas con una idea que estructuras y no te sientas principalmente a trabajar en la portada; estructuras el texto para que se corresponda con tu idea, eliminas pasajes o añades algunos hasta que todo encaje. Con un manuscrito se pone, por así decirlo, la primera piedra para el trabajo posterior, y esta primera piedra no debe subestimarse si se tiene en cuenta que también puedes fracasar al terminarlo. Esta parte es -en mi opinión- en la que realmente tienes que picar una y otra vez.

Espera a editar tu manuscrito hasta que hayas terminado de escribirlo. Ve paso a paso, aunque resulte tentador hacerlo todo a la vez y matar dos pájaros de un tiro, por así decirlo.

No lo hagas porque no favorece el proceso. Hay una razón por la que la edición, es decir, la corrección del manuscrito, se deja a menudo en manos más experimentadas -o simplemente diferentes-. Ya he mencionado una: La ceguera operativa.

Tú, como autor del texto, no serías capaz de detectar todos los errores ortográficos o de puntuación porque llevas mucho tiempo trabajando en él. Por muchas pasadas de corrección que quieras darle a tu editor, siempre se te escapa algo, ¡y no pasa nada!

La corrección de un manuscrito implica no sólo la corrección de errores, sino también la sugerencia de cambios por parte del editor, pero todo ello en colaboración y consulta con el autor. En el mejor de los casos, la corrección no debe alienar tu texto, sino sólo "pulirlo" un poco para que pueda presentarse desde su mejor lado.

Todo lo que puedes hacer para que este siguiente paso sea posible ya está hecho con la finalización del manuscrito. Por cierto: aunque tengas dislexia, no debes desanimarte. Pon tu idea por escrito y el resto caerá por su propio peso con un poco de apoyo.

Los montadores hacen más o menos lo que los editores / postproducción hacen con las películas. Los editores/postproducción editan la película para convertirla en el producto final que se ve en el cine. El montaje inicial de La guerra de las galaxias, por ejemplo, no era en absoluto la leyenda que es hoy el producto final. Un director necesita a sus editores e incluso el mejor escritor necesita a sus editores. Así que no te preocupes. Basta con superar "el miedo a la primera página en blanco" simplemente comenzando, aunque ese comienzo sea pequeño.

Prueba a hacer ejercicios de escritura -los llamados prompts- como calentamiento. Por ejemplo, puedes considerar el Mes Nacional de la Escritura de Novelas, o NaNoWriMo, y utilizar los 30 días del mes de noviembre para escribir una novela de al menos 50.000 palabras.

Esto puede ayudarte a fijarte un plazo y evitar las dificultades iniciales. Al final, cuando el trabajo esté terminado, puedes empezar a editar.

Después de la revisión, puedes añadir las correcciones al manuscrito -así se llama a la inserción de los cambios previamente acordados- y esto se repite unas cuantas veces más hasta que todo encaje. Por tanto, no tienes que preocuparte de si el manuscrito está listo para la editorial. Si encaja en el programa de la editorial, ésta también tiene editores que se ocuparán de él. En cuanto la editorial se hace cargo de tu manuscrito, se dan los últimos retoques y el siguiente objetivo es la llamada prueba de galera.

La galerada es el libro casi terminado, sólo que

aún no está encuadernado. Se somete a una comprobación adicional porque la galerada muestra si el texto está donde debe estar y nada se ha desplazado durante la impresión. En consecuencia, el editor también tiene en cuenta los llamados paratextos para tu libro.

Los paratextos son todo lo demás que pertenece al libro y que no es el texto principal escrito por ti: por ejemplo, la breve biografía del autor con una foto a juego, que a menudo sirve para poner al autor en la luz adecuada y no hacerle parecer inaccesible mencionando casualmente que seguramente hay una taza llena de café y la mascota esperando en casa, o el contenido del libro en la contraportada, hoy a menudo sustituido por los llamados "testimonios" de otros autores conocidos del mismo género que recomendarían el libro a los lectores potenciales. En resumen, el envoltorio atractivo y a veces incluso mediático de tu manuscrito, antaño sin pulir.

La palabra clave aquí es Escenificación. La escenificación también explica por qué, por ejemplo, se envían ejemplares de un libro a personas

influyentes en redes sociales como Instagram /
"Bookstagram" o a blogueros antes de que se publique, para que lo promocionen en sus perfiles
con un post o una reseña positiva incluso antes de
que el libro aparezca en el mercado. Si observas
detenidamente un perfil de Bookstagram, verás
que las publicaciones a menudo sugieren exactamente lo que de todos modos asociamos con los
libros: Comodidad.

Imagina una imagen así: Está lloviendo o ne-
vando fuera de la ventana, hay una taza de té
humeante junto al libro abierto y unas cuantas velas encendidas. Al fondo, puede que veas un poco
borrosos tu pijama y tus calcetines de peluche favoritos. Esto crea una impresión adecuada y de-
spierta el deseo de ponerse cómodo con este libro.
Pero ésta no es la única forma de promocionar un
libro.

Tutoriales de maquillaje inspirados en las portadas de los libros o los llamados "lookbooks" com-
pletos con atuendos inspirados en los protagonistas. Por no hablar de los cosplays, con cuya ayuda
los aficionados se transforman en sus personajes

favoritos mediante trajes hechos por ellos mismos y hábiles técnicas de maquillaje, aunque esta vía es más adecuada para medios visuales como las series de TV o los cómics y videojuegos, ya que cada lector imagina un personaje de forma diferente y como mucho puede haber pautas universales en lo que se refiere a la apariencia.

Pero todas ellas son formas de dar a conocer un libro, de "tocar el tambor publicitario", por así decirlo, de una próxima publicación. En la era de Internet, el acceso a estas posibilidades también es más fácil y los límites entre, por ejemplo, los mercados del libro estadounidense y alemán pueden llegar a ser difusos. Sobre todo si tenemos en cuenta que las ediciones en inglés -las llamadas internacionales- suelen aparecer antes que las traducciones al alemán. Dicen que "no juzgues un libro por su portada", pero irónicamente eso no se aplica aquí, porque la portada es lo primero que atrae a un comprador potencial; al fin y al cabo, el libro puede estar en su estantería más adelante.

En otras palabras, imagina tu serie de libros favorita: has estado esperando ansiosamente la última entrega de la serie y el día en que por fin sale a la venta es el día en que ves... que la portada tiene un diseño completamente distinto al de sus predecesores y que el libro es más grande o más pequeño cuando está en la estantería.

Si eres de los que no les molesta esta visión, te envidio, pero puede ser un motivo para no comprar un libro, por lo que es ventajoso para las editoriales asegurarse de que las cubiertas de los libros tengan un aspecto atractivo o, en el caso de las series, uniforme.

Como se ha dicho al principio, los clásicos de la literatura moderna, como Harry Potter para Carlsen Verlag o los libros de Tolkien para Klett Cotta, son muy adecuados como sustento económico regular. Como autor, puedes estar contento si la editorial se encarga de esas tareas y tú no tienes que pensar en todo eso, ¿verdad? Todos estos son pasos que no tienes que dar solo.

Pasos de los que se encargan por ti profesionales que conocen bien el sector y te apoyan para que todas las partes implicadas queden satisfechas con el trabajo. ¡Todos estos pasos comienzan con un manuscrito acabado!

Básicamente, hay que señalar que existen innumerables formas de llamar la atención sobre el contenido de un libro y mantenerlo así en boca de todos. Si uno tiene la publicación como objetivo, claro. La idea de que se puede escribir un libro sin querer publicarlo suena extraña, pero se puede hacer. Al fin y al cabo, es tu historia y puedes decidir cuándo y si quieres compartirla con el mundo. No tienes nada que demostrar a nadie, excepto quizás a ti mismo. En cualquier caso, eres y seguirás siendo el autor de esta obra. Sólo quiero mencionar esto de nuevo porque rara vez se tiene en cuenta este ángulo a la hora de escribir.

Además de la vía clásica de publicación, también existe la opción de la autopublicación. Como su propio nombre indica, se trata de la publicación de un libro por cuenta propia. Según tu opinión, puede ser una ventaja tener más libertad en el diseño del libro; o también puede ser la trampa. Todo -desde los paratextos hasta la portada, pasando por la edición- está en manos del autor.

Especialmente en el caso de los libros

electrónicos, en este caso te ahorras los costes de impresión, pero el formato y, por tanto, el efecto posterior del texto acabado pueden resentirse si has asumido demasiado. Esto no quiere decir en absoluto que la autopublicación no sea una opción, porque hay autores que han dado el salto a la edición profesional después de autopublicarse. Esto puede "poner el pie en la puerta", por así decirlo, y garantizar que aparezcas en el radar de las editoriales.

Aquí también es importante que te informes primero y decidas por ti mismo si la autopublicación es una opción: considera los costes totales de tu libro y si confías en esta vía de publicación. Considera si prefieres una edición en libro electrónico o si prefieres tener tu libro en la mano como edición impresa, porque entonces la opción se llama *Libro a la carta*.

En este caso, el nombre también lo dice todo y el libro se imprime tantas veces como se encarga. Así que digamos que tu libro se compra doce veces, por lo que también se imprime "sólo" doce veces para evitar que sobre algo y quizá acabe una vez en papel usado.

El papel usado significa que se recicla. Por ejemplo, los calendarios que no se compran acaban en la basura a final de año. Es como volver a ver al Papá Noel de chocolate del supermercado en primavera como el Conejo de Pascua. Por tanto, el *libro a la carta* puede considerarse una alternativa adecuada, ya que puedes calcular exactamente la cantidad que necesitas. Las editoriales profesionales, por otra parte, encargarán un número mayor si tu libro ha pasado a formar parte de su programa editorial, y esperan que el marketing ya haya hecho el trabajo preliminar. Si a la editorial también le sobran algunos libros, se puede impulsar de nuevo su venta, por ejemplo eliminando el precio fijo del libro.

Los precios fijos de los libros son la razón por la que los libros, como bien cultural, no varían de una librería a otra y, por tanto, son accesibles a una amplia masa.

También subyace el hecho de que puedes calcular cuánto cuesta un libro de bolsillo en comparación con uno de tapa dura. La Ley Alemana de

Fijación del Precio de los Libros también establece que esto puede levantarse si la primera publicación de un libro "se remonta a más de 18 meses" o, en el caso de un periodo más corto, si "el contenido pierde un valor considerable al llegar a una fecha determinada". Esto último puede verse bien en calendarios o libros de cocina, entre otros. Por cierto, como bien cultural, ¡el libro se grava al 7 % y no al 19 %!

Como puedes ver, un manuscrito es el primer paso en la dirección correcta. Una vez que has decidido publicar, la siguiente pregunta tampoco se hace esperar.

# ¿Qué viene después? Una mirada entre bastidores

Basándote en el estado actual de los conocimientos, ahora puedes imaginar aproximadamente lo que ocurrirá. Si has decidido seguir la vía clásica de publicar a través de la editorial, puedes prepararte para enviar tu manuscrito. Aquí puede ser un alivio saber que no tienes que enviar todo el manuscrito. La mayoría de las editoriales quieren un breve resumen de la trama y un capítulo de muestra. Y quizá tampoco sea el original, porque en la mayoría de los casos las editoriales sólo te lo devolverán con un sobre de devolución franqueado, que deberás haber adjuntado tú mismo. Enviar manuscritos de un lado a otro lleva tiempo extra, pero puedes ahorrártelo bien. Es comprensible, porque: seguro que no eres la única persona cuyo manuscrito llega a la editorial en un día.

¿Te dice algo el término "elevator pitch"? "Lift" significa ascensor en inglés y "pitch", como en "sales pitch", significa charla de ventas. Con un discurso de ascensor, desglosas un tema en un máximo de dos minutos, pero la explicación no debe durar más que un viaje en ascensor.

Puedes pensar en el envío de un manuscrito, o más bien de una sinopsis y un capítulo de muestra, como un discurso de ascensor de tu libro a la editorial, porque no haces una audición en persona, sino que tu envío habla por ti y por tu potencial, por así decirlo.

Una vez superado este obstáculo y el editor acepta publicar tu libro, puedes celebrarlo un poco. Eso también forma parte de ello, porque una publicación es un reconocimiento a tus esfuerzos, el éxito que esperabas. Así que, ¿por qué no celebrarlo como es debido? Ya sea con champán o con una comida en tu restaurante favorito, no importa, lo principal es que reconozcas tus logros.

¡Tu libro será publicado! ¡Eres el autor de un libro! ¡En una editorial! ¡Una editorial real y auténtica! Y por eso merece la pena que te des una palmadita en la espalda. No lo dejes para cuando tengas el libro en tus manos, hazlo ahora. Recompensarte entretanto está permitido. Eso se olvida a menudo hoy en día.

A continuación se firma el contrato de edición entre tú y el editor. El contrato de edición contiene las condiciones marco legales de la colaboración, como tu remuneración. La remuneración del autor no se calcula por libro vendido, sino a partir de un determinado número de ejemplares vendidos de tres dígitos. Si esperas no tener que trabajar nunca más como autor porque tu libro sustituye a esa fuente de ingresos, siento decirte que esos ingresos pueden ser un poco escasos para ti. Eso no significa que no vayas a ver nada en absoluto de las ventas, sólo que depende de lo que figure en el contrato para la remuneración.

Además, la editorial se protege estipulando en el contrato que eres el único autor de la obra y que no publicarás tu obra en paralelo con otra editorial. El contrato de edición especifica cuántos de tus títulos se publicarán -por ejemplo, en el caso de una trilogía- y que se te considerará el autor de esta obra.

Sin embargo, al firmar el contrato, autorizas a la editorial a imprimir y vender la obra. Además, transfieres los derechos de uso de la obra, lo que significa que el editor puede traducir la obra o incluso convertirla en una película, entre otras cosas.

El editor tiene la obligación de anunciar y difundir su último producto. Si el editor no cumple, tienes la opción de ejercer tu derecho de revocación. Es importante que aquí no te dejes cegar por la euforia y que primero leas detenidamente lo que está escrito en el contrato. Con un contrato de edición, tú como autor te libras de los costes adicionales que surgen con la impresión y la distribución, pero asegúrate de que tú y el editor estáis al mismo nivel.

Así que si tienes dudas y quieres preguntar, hazlo. Preguntar rara vez hace daño. Repito esto aquí porque deshacer un contrato de edición es un proceso largo.

Una pequeña digresión: Karl Rauch Verlag es la editorial original de *El Principito* de Antoine de Saint-Exupéry. Es uno de los relatos más conocidos hasta la fecha, y para la editorial como figura tiene ahora estatus de culto. En 2014 se cumplieron 70 años de la muerte del autor, y de repente volvieron a verse en las librerías varias ediciones de El Principito. Todas las ediciones de otras editoriales.

Así que la pregunta aquí es ¿Está permitido si Karl Rauch Verlag posee los derechos de la obra? La respuesta es sí. Los derechos exclusivos sobre la obra se revocan 70 años después de la muerte del autor y entonces se considera que la obra es de dominio público. En el caso del autor fallecido, el dominio público significa que ya no se pueden vulnerar sus derechos morales si el editor original tiene que renunciar a ellos.

Escribir un libro ya suena como la parte más fácil de todo el proceso, ¿verdad? Especialmente como autor novel, el miedo a no ser capaz de encontrar tu camino en esta jungla desconocida del mundo editorial es grande. Muy pocas personas quieren verse en desventaja por su inexperiencia. Y desde luego no quieren que se note su inexperiencia. Si el contrato editorial que te ofrecen cumple tus expectativas, estás de suerte. Sin querer idealizar el trabajo editorial: Es importante que te sientas en buenas manos con esta editorial y que tengas una persona de contacto en caso de dudas. La cooperación a largo plazo entre editor y autor debe construirse sobre una base sólida en beneficio de ambas partes. Y si el contrato de edición está a la vista, es un buen comienzo.

Como ya sabes, el editor se compromete a que tu libro llegue al comercio. El hecho de que no estés solo en esta tarea puede ser para muchos un argumento a favor de la vía clásica de publicación. Otros lo ven como el camino para convertirse en un autor "de verdad".

Pero como ya sabes, ya eres un escritor "de

verdad" simplemente porque tienes un manuscrito entre manos. Esta distinción es tan poco útil como afirmar que no eres un lector "de verdad" porque lees cómics en lugar de libros de bolsillo o de tapa dura. O que prefieres escuchar un libro mientras limpias. ¿Al final del libro o del cómic sabes lo que contiene? ¡Entonces lo has leído!

Por eso la lectura en voz alta es tan importante para los niños pequeños: porque no sólo les proporciona una experiencia que les conecta con sus padres, sino también porque les introduce en el contenido de la historia; al fin y al cabo, al principio no la leen ellos, sino que se les lee. En resumen, en estos casos no importa tanto el medio que elijas.

Se trata más bien del contenido y de cómo puedes captarlo mejor por ti mismo. Incluso si ya eres demasiado mayor para los cuentos antes de dormir. Al fin y al cabo, tienes tus razones para preferir uno a otro o para leer un género a otro. ¿Entiendes lo que quiero decir?

Siguiendo con el ejemplo infantil, ¿le das a tu familiar más joven *ES* de Stephen King o más bien

*¿Sabes cuánto te quiero de* Sam McBratney y Anita Jeram? Puedes probar con el primero, pero ni el niño entenderá de qué va, ni será beneficioso para su sueño ilustrar la aparición de un payaso asesino en la alcantarilla durante la trama. El segundo reclamaría la atención del niño porque está ilustrado con simpáticos conejitos y transmite un mensaje maravilloso.

Es una historia que implica al niño en la lectura en voz alta porque la trama está ilustrada adicionalmente. Y eso explicaría también las pautas de edad para los libros infantiles.

Recuerdas el segundo punto *Presentación* en el capítulo *Escribir un libro - ¡ánimo!* Me atrevo a decirlo: la presentación del contenido es tan importante como el propio contenido. Una va de la mano de la otra, o más bien es una interacción con el objetivo: el efecto. El efecto de un libro se apoya sobre todo en su sensación: ¿Cómo se siente la cubierta, cómo se siente el papel de las páginas entre los dedos? Al lado está el texto; ¿es el tipo de letra demasiado pequeño para la página y su lectura cansa la vista?

Si alguna vez has tenido los ojos cansados de leer, es muy posible que se deba al tamaño o tipo de letra y a la falta o insuficiencia de interlineado. La diferencia son las gracias. Las gracias son definidas por el Duden como "un pequeño trazo final en cruz en la parte superior o inferior de las letras", como en la conocida fuente Times New Roman.

Las fuentes sans-serif, como Calibri, no tienen estos trazos horizontales finales y, por tanto, pueden resultarte menos fatigosas de leer. Supuestamente, esta diferencia es también la razón por la que Comic Sans es mucho más fácil de leer si tienes dislexia. ¿Has pensado alguna vez en prestar atención a algo así al leer un texto?

La excepción a esto es cuando la elección del tipo de letra, el tamaño de la letra o incluso los errores tipográficos tienen por objeto contribuir al impacto de la historia dando profundidad a los personajes. La protagonista de *Shatter Me* de Tahereh Mafi, Juliette Ferrars, escribe sus pensamientos, pero tacha los que no debería. El texto tachado puede ser difícil de leer, pero en este caso, este texto no es para ojos extraños, por así decirlo.

Pero a través de esta pequeña diferencia, el lector se hace una idea de los pensamientos de Juliette y llega a conocer mejor a su personaje.

*En Donde acaba el arco iris,* de Cecilia Ahern, filmada bajo el título *Love, Rosie - Forever Maybe,* el protagonista Alex comete siempre -sin querer- el mismo error ortográfico en sus correos electrónicos al omitir la K en *I know.* Así que el impacto del texto no sólo depende de la forma en que está tipografiado e impreso, sino que cuenta como una parte importante del conjunto de la experiencia de lectura.

Ni siquiera tiene por qué ser un texto continuo, sino que puede recordar al género de la novela epistolar, como en el caso de *Donde acaba el arco iris, donde la* trama se cuenta a través de los correos electrónicos de Alex y Rosie. De ello se deduce que el texto no sólo tiene que reflejar la historia, sino que, como instrumento, puede transmitir sentimientos, pensamientos e idiosincrasia.

Fíjate bien la próxima vez que vayas a la librería y cojas un libro de tapa dura y el mismo libro otra vez en rústica, por ejemplo. Tómate tu tiempo para notar las diferencias y palpar el papel, la cubierta, fijarte en la letra y sopesar cómo te afecta la imagen global.

Si al principio te sientes un poco extraño, recuerda que hay gente que abre el libro para oler el papel y no le hace ninguna gracia. Hay cosas que parecen perfectamente comprensibles para los bibliófilos -amantes de los libros- y que te apetezca mirar de cerca un libro es una de ellas.

Existe incluso la bibliofagia: este término se refiere a las personas que se comen un libro terminado página a página porque creen que así pueden interiorizar mejor el contenido. Si estás pensando en hacer esto, podrías pagar primero el libro. No, bromas aparte: por favor, no te comas el libro. Si quieres comer papel, plantéate comer papel y tener una conversación profesional con alguien que pueda ayudarte a entender por qué tienes el deseo de comer papel.

Como puedes ver, hay algunos pequeños detalles que entran en el producto final del libro. Por eso es bueno saber que el editor adecuado lo entenderá.

# Entre líneas - El socio adecuado para tu historia

Basta con teclear en la barra de búsqueda de un buscador para comprobar que existe un gran número de editoriales en lengua alemana. Cada una de estas editoriales está especializada en un género. A grandes rasgos, hay editoriales de libros infantiles y juveniles, de novelas -o ficción-, así como editoriales de textos académicos o editoriales musicales, entre otras. Actualmente, en diciembre de 2021, ¡Wikipedia incluso enumera en una tabla los criterios de presentación de cada editorial! Si en la escuela te dijeron que Wikipedia no es una fuente de información fiable, pregúntate -y sé sincero- dónde buscarías tú primero en Internet. Así es, en Wikipedia. Aunque sólo fuera para ver las pruebas.

Con todas las editoriales entre las que elegir, no es precisamente fácil encontrar una que encaje. Tanto para tu manuscrito como para ti, porque, como ya se ha dicho, en el mejor de los casos estás estableciendo una cooperación a largo plazo con esa editorial. Para facilitar la mejor cooperación posible, escribe una lista de los criterios que te gustaría ver antes de iniciar tu búsqueda.

Piensa en esto como una especie de preparación y anota las posibles preguntas que tengas. Pero para ser realista, no esperes que se respondan todas las preguntas ni que se apliquen todos los criterios. Esta preparación es más bien una guía y aprenderás cada vez.

Este es el momento en que te pido que tengas la piel gruesa, porque llegarán los rechazos. Si tienes suerte, sólo uno, y si no, varios. Pero eso no significa que tu trabajo haya sido en vano. No significa que tu libro nunca vaya a llegar a tu librería favorita o que nadie vaya a leerlo jamás. Sólo significa que aún no se ha encontrado la editorial adecuada para tu libro.

Aunque al principio no lo parezca, las editoriales buscan material nuevo y bueno, y la editorial adecuada estará encantada de tener tu manuscrito en su programa. Tal vez un día seas el mascarón de proa de esta casa y dirá "editor original de ...". Esa es exactamente la cuestión: no tienes que saberlo todo desde el principio antes de encontrar la editorial adecuada, porque aquí también aprendes, aprendes lo que quiere una editorial y lo que quieres tú. Por tanto, en caso de un posible rechazo, anímate con el hecho de que el editor adecuado ya se cruzará en tu camino si no destierras tu manuscrito al cajón tras el primer rechazo y no vuelves a mirar en dirección a ese cajón.

Además: recuerda a los muchos autores que has leído a lo largo de tu vida y recuerda que ellos estuvieron una vez en tu situación y se preguntaron si merecía la pena el esfuerzo. Estos autores estuvieron una vez en el mismo barco que tú. Ellos también han buscado y en algún momento han encontrado. Algo así como ir de entrevista de trabajo en entrevista de trabajo y que pase el tiempo en que te haces ilusiones de que tal vez sí funcionó.

En algún momento fuiste a la entrevista adecuada y causaste la impresión correcta. Al igual que el gato de Schrödinger, que puede estar vivo o muerto mientras no se compruebe esta circunstancia más de cerca y se defina con certeza, una editorial también puede convertirse en tu editorial mientras no se demuestre lo contrario con un rechazo. Por eso es importante seguir intentándolo, para que cuando alcances tu objetivo puedas afirmar que no te has rendido.

Aunque ésta es una decisión que tendrás que tomar una y otra vez, dependiendo de lo que te sientas capaz de hacer en un nuevo día, rendirte te acompañará igual que lo hizo en su día con tus protagonistas. ¿Te imaginas estar sentado un día pensando para ti mismo "Si tan sólo hubiera..." y

"Si tan sólo no hubiera... entonces...". Tales pensamientos pueden llegar a ser bastante mezquinos, ¿sabes?

Escribir es un oficio que hay que aprender, como cualquier otra cosa en la vida. Pero sólo puedes aprenderlo si no dejas de practicar. Y puedes practicar incorporándolo a tu vida cotidiana. La escritura creativa no es algo que se aprenda de memoria. Se necesitan un puñado de intentos hasta que encuentres tu propio estilo de escritura. ¡Inténtalo por ti mismo!

Si esta perspectiva no te motiva para superar este obstáculo, prueba lo siguiente: piensa en un libro que no te haya gustado nada -en realidad, un libro que aún te preguntes cómo demonios llegó al mercado editorial- y utilízalo como ejemplo. Dite a ti mismo: "Bueno, si ese libro llegó hasta donde yo quiero llegar con mi libro, lo haré aún más".

Cuando todo lo demás falla, el desafío sigue siendo una fuente inagotable de motivación. A veces no basta con pensar en positivo y seguir hablándote a ti mismo para ponerte de buen humor, entonces tienes que encontrar otra forma, y eso está bien.

Al final, lo que cuenta es cuál de las dos opciones te hizo seguir trabajando y aguantar los altibajos del proceso creativo. Enseña los dientes cuando lo necesites, incluso a ti mismo, o a tu buen cabrón interior. No pierdas de vista tu objetivo Puedes utilizar la carrera de tu autor favorito como motivación, pero no olvides que ese estilo de escritura ya existe en el mercado editorial y que debes destacar por el tuyo propio. No eres "el próximo [X, Y]", sino el primer autor de tu estilo. Este estilo puede ser la razón por la que una editorial te acepte en su programa, ¿lo entiendes?

Por eso es importante encontrar tu voz y mejorarla mediante la práctica regular. No perfeccionándola, porque perfeccionar significa perfeccionarse y ya sabes que eso es difícil de conseguir como escritor. Tu estilo de escritura cambiará contigo, porque te acompañará a lo largo de tu vida y crecerá contigo. Muy pocos escritores escriben como tú hablas, y lo comprobarás en cuanto escribas la primera línea.

Tus protagonistas no son tú, sino una parte de

ti. Surgen de experiencias que te han atraído o del deseo de haber reaccionado de otro modo ante una determinada situación. Puedes dar a tus protagonistas libertades que tú mismo no hayas tenido en un momento determinado de tu vida. Sin embargo, en el caso de las novelas de suspense y policíacas, esto no significa que apruebes los actos que en ellas se describen.

Tus personajes, que tienen sus propios pensamientos e ideas, actúan en el paracosmos de tu historia. Es precisamente este paracosmos, precisamente estos personajes, los que pueden llegar a ser importantes para un lector que es un completo desconocido para ti. Al igual que el proceso de escritura te sirvió en su día para evadirte, tu historia también se convertirá en una pequeña evasión de la realidad para el futuro lector.

Un editor de ficción depende en gran medida de proporcionar el material para esta evasión de la realidad. Para él, esto es una respuesta positiva para el departamento de marketing. Y si este feedback positivo no se materializa a pesar de la publicidad estipulada por contrato, el editor puede permitirse subir el precio fijo del libro o venderlo. Por supuesto, no te lo desearía a ti -no se lo desearía a nadie-, pero la editorial también tiene esta opción como una especie de salvaguarda, porque incluir un manuscrito en el programa implica un riesgo e incluso una editorial puede cometer errores sobre las ventas. Errar es humano y en una editorial trabajan personas.

No es agradable ni para la editorial ni para ti como autor que esto ocurra en un caso *excepcional*, así que pregunta en alguna ocasión qué ocurriría en tal situación y qué significaría -hipotéticamente- para la cooperación. Prepárate todo lo posible para estar bien informado sobre lo que figura en tu contrato de edición.

# El diseño de la portada

Coge de tu estantería un libro con una portada bonita y ábrelo. En el pie de imprenta encontrarás normalmente el nombre de la persona que diseñó la cubierta. En el caso de los libros en lengua inglesa con sobrecubierta, puedes encontrar esta información en letra pequeña en la parte inferior. Los diseñadores gráficos e ilustradores como éstos te ayudarán a poner cara a tu historia, por así decirlo. También dibujan los populares mapas que suelen aparecer en las novelas de fantasía. Una editorial puede recurrir a varios de estos profesionales para ello, por lo que puede ser útil echar un vistazo a las carteras de algunos ilustradores/diseñadores gráficos y pensar en cómo podría ser tu propia portada algún día. O simplemente informarte sobre el estilo del ilustrador/diseñador gráfico en cuestión, para saber de quién estás hablando en caso necesario.

Dependiendo del género, hay un determinado tipo de portada que ha resistido el paso del tiempo. ¿Recuerdas la época posterior a Los *juegos del hambre* de Suzanne Collins? Le siguió una auténtica oleada de distopías en libros infantiles y juveniles y, por tanto, portadas diferentes pero similares. Tomemos como ejemplo las novelas de suspense, en las que se ven principalmente colores oscuros, quizá una pistola oxidada o una silueta.

Cuando se trata de portadas de un mismo autor, se procura que sean similares para crear cierta uniformidad, incluso en el caso de volúmenes individuales. En algún momento, ya puedes reconocer al autor a distancia en la estantería, sólo con mirar la portada. Para este ejemplo, me vienen a la mente los libros de Mhairi McFarlane. O la editorial tiene básicamente un diseño uniforme para sus portadas, como Diógenes. También puedes reconocer los libros de Diógenes a distancia en la estantería por su sencillo diseño en blanco y negro.

En el campo de la autopublicación, sin embargo, las cosas son un poco diferentes. Ya sabes que en la autopublicación todo tiene que estar listo para su presentación. Incluso el diseño de la portada -por el que tienes que asegurarte de que utilizas una imagen de la que tienes los derechos o que es de dominio público- está en tus manos. Por ejemplo, NeoBooks especifica las dimensiones exactas y la resolución de la portada (¡del libro electrónico!).

Si quieres encargar a un ilustrador o diseñador gráfico la creación de esta portada, debes incluir al menos 200 euros en su factura. Comprueba si no tiene ya en su portafolio una portada terminada que te atraiga. Si no es así, ponte en contacto con él. Al fin y al cabo, esto no suele ser vinculante, a menos que leas algo más de antemano.

Si en tu caso se trata primero de la

autopublicación y luego del contrato editorial, puede que incluso se rediseñe la cubierta de tu libro para la nueva edición en la editorial, de modo que encaje mejor en el programa editorial. La autopublicación es una opción que puedes tener preparada si crees que has recibido demasiados rechazos por tu manuscrito, porque como he dicho, hay autores que sólo han dado el salto a una editorial profesional después de autopublicarse. Mona Kasten publicó su trilogía Sueño de Sombras en autopublicación a través de NeoBooks; hoy está con LYX Verlag y es autora de la serie Again, que actualmente consta de cinco libros, entre otros. O puedes lanzarte directamente a las frías aguas de la autopublicación.

A veces también puedes indicar a los editores profesionales la dirección de un buen contenido. Lo más importante es que aparezcas en el radar adecuado y consigas que se hable de ti. Para tomar una decisión final por ti mismo, también puedes crear la clásica lista de pros y contras. Ambas formas de publicación tienen sus ventajas, también en cuanto al diseño de la portada. No sólo tienes que adaptarte a la forma de publicación, sino que ésta también tiene que adaptarse a ti. Por tanto, tómate el tiempo que necesites para tomar una decisión. Al final, todo encajará y debe encajar. En cualquier caso, hay reglas tipográficas que también se aplican al diseño de la portada:

**1. El título debe ir en dirección al lector.** "Por supuesto", pensarás ahora, pero eso es por una razón: El ojo está subconscientemente acostumbrado a una determinada dirección de lectura. De izquierda a derecha para un texto continuo y de abajo arriba en el lomo de un libro. Prueba a colocar un texto de forma diferente y verás a qué me refiero. O apila tus libros unos encima de otros y verás que, por ejemplo, los libros en alemán están con el lomo hacia arriba y los libros en inglés con la cubierta hacia arriba.

**2. Mantén los colores de las fuentes sencillos.** Demasiados colores diferentes y, además, chillones, estresan la vista. Un ejemplo sencillo: las páginas de los libros no son blancas como la nieve, porque entonces la tinta negra del texto crearía demasiado contraste. Intenta utilizar un azul muy oscuro para el texto, a fin de reducir el contraste. La portada también debe retomar los colores para no confundir.

**3. Haz que el título sea claramente visible.** No ocultes el título con demasiados detalles ni con colores demasiado vivos. Al fin y al cabo, es el centro de atención de la portada y debe ser claramente visible.

Muchas de estas reglas ni siquiera se perciben conscientemente. Ni siquiera sabes que estás subconscientemente acostumbrado a ellas. Sólo cuando te fijas bien, quizá comprendas por qué el diseño de una cubierta es especialmente agradable. Los diseños de portada también pueden dar a un libro una imagen muy especial. No importa si se trata de una cubierta reversible o de dos cubiertas para uno de los protagonistas del libro. La editorial de Maguncia Hermann Schmidt diseñó un libro infantil cuya cubierta parecía completamente negra a primera vista. Pero la cubierta respondía al calor de la mano que la sostenía y revelaba una cubierta ilustrada adecuadamente infantil. De este modo, la cubierta refleja la curiosidad de los niños pequeños, que aprenden sobre lo que les rodea tomándolo todo en sus manos y sintiéndolo. Este tipo de diseño de portada llama la atención a su manera.

Hay distintas formas de enfocar el diseño de una portada. Sin embargo, este diseño debe encajar y representar el contenido del libro de tal forma que al final todo resulte coherente.

Detalles como un borde dorado o coloreado -nombre que recibe la coloración del papel visible cuando el libro está cerrado- servían antes para evitar que la suciedad se adhiriera al papel, pero hoy aportan una guinda adicional al diseño, ya que lo hacen parecer más valioso y también realzan la cubierta.

La verdad es que ves estos detalles incluso antes de ver el contenido del libro. Otra verdad es que comprar libros no es más que coleccionar libros. Y todo ratón de biblioteca se alegra de tener un libro especialmente bonito en su colección para lucirlo en la estantería de su casa. Por eso no está de más tener ediciones decorativas o de aniversario del mismo libro.

Estas ediciones rara vez están pensadas para ser leídas, puesto que en la mayoría de los casos ya se conoce el contenido. Sin embargo, hacen que dicho libro vuelva a ser objeto de conversación y quizás incluso garantizan la captación de nuevos lectores.

Ni siquiera tienen que comprar la mencionada edición joya, sino que pueden elegir entre ediciones antiguas y publicadas anteriormente, libros de bolsillo o incluso ejemplares de segunda mano o defectuosos. Aquí puedes ver de nuevo que la compra es más importante para las cifras y menos si a los lectores les gusta un libro o no. Como es bien sabido, sólo se lee el libro después de haberlo comprado.

# La publicación

En la era de las redes sociales, es fácil imaginar cómo puede ser un lanzamiento, sobre todo si tienes a tu autor favorito en pantalla anunciando la fecha de lanzamiento o una revelación de la portada. Los medios sociales dan un rostro a los autores y garantizan que el contacto con los lectores se produzca mucho antes de que se publique el libro. Así, los autores parecen más tangibles. Pero este contacto también está regulado por la editorial y está sujeto a ciertas directrices. Ésta es también la razón, por ejemplo, por la que los autores se niegan a leer fanfiction escrito por un lector con los personajes originales de ese autor. Por cierto, la fanficción es una zona gris desde el punto de vista legal, porque en realidad estás poniendo personajes ya existentes, que legalmente no son tuyos, en un nuevo escenario que tú mismo te has inventado.

Otra razón por la que debes evitar pedir a los autores detalles sobre la próxima publicación en un mensaje privado en Instagram es la siguiente: este tipo de preguntas se responden públicamente en entrevistas o en las llamadas QA - abreviatura de Preguntas y Respuestas - y tampoco con detalle, para mantener el suspense. No tiene mucho sentido gritar al mundo el contenido de un libro si el objetivo es vender ese mismo libro.

Contrariamente a la creencia popular, las listas de libros más vendidos son otra herramienta para las ventas. Si alguna vez te has preguntado cómo acabó un libro en la lista de los más vendidos, ahora sabes que fue principalmente por razones de marketing. La experiencia de la lectura es siempre subjetiva. Para cada lector, los personajes tienen un aspecto diferente, cada lector imagina una escena de forma distinta. Piensa en el reparto de la adaptación de tu libro favorito y compáralo con las descripciones de los protagonistas de los libros en los que se basa esa adaptación.

Por tanto, debido a la falta de capacidad profética, un editor no puede predecir cómo será recibido el contenido del libro, pero puede comercializarlo lo mejor que pueda, al fin y al cabo, también es tarea de un editor y, como ya sabes, está estipulado en el contrato de edición.

La editorial también se asegura de que las librerías conozcan esta publicación. Así no tienes que ir allí con una caja llena de tus libros y clasificarlos tú mismo. Las librerías tienen listas y las librerías se abastecen regularmente del llamado comercio intermediario del libro, de lo contrario la tienda estaría vacía en un santiamén. El comercio intermediario de libros se refiere en general a los distintos eslabones de la cadena de suministro de tu librería. Gracias al comercio intermediario de libros, puedes pedir fácilmente un libro y apenas tienes que esperar para recibirlo. En la mayoría de los casos, incluso sólo un día si bajo el título pone "disponible inmediatamente".

Para asegurarse varias opciones como fuente de ingresos al mismo tiempo, el libro electrónico suele publicarse paralelamente a la edición impresa. Así que tienes mucho donde elegir.

De nuevo, la autopublicación es una historia diferente. Dado que la autopublicación se realiza principalmente en línea, el envío en línea es tu principal cliente. Sólo Amazon tiene innumerables libros electrónicos, como seguro que sabes. Estos libros electrónicos suelen costar sólo unos euros, a veces sólo unos céntimos, porque no hay costes de impresión para una edición impresa. Así que, a menos que las ventas de tu libro se disparen, no obtendrás mucho en conjunto, ya que una empresa de autopublicación se llevaría la mayor parte. Los libros electrónicos, sin embargo, son más rápidos de conseguir debido a su formato; al fin y al cabo, sólo tienes que descargar un archivo que puede leerse en el dispositivo adecuado. También tienes la opción de personalizar el tipo de letra del libro o incluso el color de la página.

Asimismo, un libro electrónico no supone un agujero tan grande en las finanzas como un libro de tapa dura de 25 euros. Como material de lectura para las vacaciones, los libros electrónicos también son una forma de ahorrar espacio para llevarte suficiente contenido interesante y, al mismo tiempo, utilizar de otra forma el espacio de tu maleta. A menudo se menciona a los libros electrónicos como lo opuesto a los libros encuadernados porque carecen de la sensación que proporciona un libro físico, pero: Como se ha dicho antes a la pregunta del lector en el capítulo *¿Qué sigue? Una mirada entre bastidores*, la forma en que absorbes el contenido no depende del formato.

Por supuesto, las ferias del libro son uno de los lugares más importantes para comercializar libros. Ahora suena un poco obvio, porque, al fin y al cabo, son ferias del libro. Pero estas ferias sirven a las editoriales para establecer contactos y dar a conocer su trabajo con su presencia. Con todos los puestos de exposición preparados, una feria del libro ofrece la oportunidad de ver con los propios ojos las tendencias venideras con antelación.

Cuando la feria del libro se abre a los visitantes hacia el final, puedes conocer a tus autores favoritos e incluso comprar libros in situ. Además de las redes sociales, estas apariciones forman parte de la vida del autor y -lo has adivinado- conectan al autor con sus lectores.

Así que si un día te encuentras como autor en una feria del libro de este tipo, no lo olvides: las personas que te piden un autógrafo están tan nerviosas como tú. Tus lectores tienen una determinada imagen de ti. Tú, como autor, no estás obligado a estar a la altura de esa imagen, pero sería una ventaja para ti y para tu carrera que esa imagen siguiera siendo positiva, porque tú, como persona, también eres el centro de atención y, como personaje público, el listón está más alto para ti que para los demás. En cierto modo, tienes una función de modelo de conducta y puedes utilizar esto como plataforma porque tienes un mayor alcance por las razones mencionadas.

Aunque no estés en el candelero como otras celebridades de hoy en día y quizá se te reconozca menos cuando vas a la panadería a por un café, tus lectores prácticamente te conocen a través de tu propiedad intelectual publicada, una parte de tu mente, por así decirlo, incluso antes de que puedan ponerte cara. Y quién sabe, ¿quizás conociste a alguien en una feria del libro que quiere emularte?

Alguien que ahora tiene tu libro en la estantería de su casa y espera tener su propio libro en sus manos algún día. Alguien que está en el mismo punto en el que tú estuviste y se siente inspirado por tu carrera. Entiendes lo que quiero decir cuando hablo de ser un modelo a seguir. Cuando llegues a este punto, verás que el mayor obstáculo fue terminar un manuscrito. Todo empieza con una idea que sólo tiene que llegar al papel, ¿sabes? Cuando fiches a un lector, recuerda los altibajos por los que pasaste durante el proceso de escritura.

Las muchas veces que te has preguntado si terminar este libro serviría de algo. Los bloqueos del escritor que superaste porque el deseo de contar esta historia era mayor que la tentación de relegarla a las profundidades del cajón más cercano.

Todas estas emociones forman parte del proceso de escritura, porque cuando vuelcas tu yo más íntimo y encuentras el valor para compartir el producto de ese trabajo con un mundo que a veces puede girar demasiado rápido en estos días, no puedes evitar pasar por estos sentimientos. Y cada uno de esos sentimientos está bien, siempre que al final decidas seguir adelante.

# Autor - ¿y ahora?

Buena pregunta. Después de publicar el primer libro, suele llegar -como en otros momentos de la vida-. Ése es el momento en el que puedo confesarte que escribir libros es un ciclo interminable.

Como sabemos, este ciclo comienza con una idea y termina con un libro publicado. Una vez terminado este ciclo, el siguiente comienza con una nueva idea; lo cual es fácil si tienes varias. Poner el pie (¡metafórico!) en la puerta de un editor suele ser la parte más difícil, y tú ya has conseguido esta parte más difícil con tu primer libro.

Ahora tienes un poco más de libertad a la hora de escribir, porque tu primera piedra está dada con la primera publicación. Después de eso, debería resultarte más fácil escribir el siguiente libro porque conoces el proceso. Y si no, al menos conoces el proceso y cuándo vendrán las subidas y cuándo las bajadas. Esta vez estarás preparado. Un gran problema del proceso de escritura suele ser la incertidumbre de lo que vendrá, de si será un éxito o no.

Espero que esta guía te haya quitado parte de esa incertidumbre, o al menos la haya puesto en perspectiva, aunque aquí me haya referido principalmente a los mercados del libro en lengua alemana e inglesa. Puedes averiguar la diferencia entre estos y otros mercados internacionales del libro mirando las portadas de una traducción concreta, por ejemplo. Cada país tiene sus propias tendencias, que también pueden verse en los libros. Es muy interesante ver qué tendencias de cubiertas pueden identificarse para los mismos libros en distintos países.

El mundo de los libros es grande y amplio porque se puede encontrar un libro para cada lector y viceversa. Dicen que si buscas un libro concreto pero no lo encuentras o el que encuentras no cumple tus expectativas, entonces debes escribir un libro que sí lo haga.

¿Qué mejor motivación hay para poner una nueva historia en el mundo? ¿Quizá sea esa misma historia la que busca el próximo lector con un problema similar? Como ves, todas las posibilidades están abiertas y es bueno saber que no puedes dejar de escribir una vez que has empezado. ¿Quizá debería haberlo mencionado al principio? Puede que fuera un poco mezquino por mi parte motivarte a este ciclo interminable, pero ten paciencia conmigo. Después de todo, puede que esté persiguiendo mis propios objetivos con esto. ¿Quién no necesita nuevo material de lectura con regularidad? ¡Tú podrías ser mi cambio de aires literario!

Como es bien sabido, al libro se le sigue atribuyendo un contenido de verdad incontrovertible hasta nuestros días. Ha sido fuente de conocimiento inagotable desde que los monjes de los monasterios copiaban los textos a la luz de las velas. Ahora bien, yo no soy un monje en un monasterio, pero aún así espero que recurras a esta guía de vez en cuando. Aunque sólo sea para darte un poco de ánimo cuando haya más bajones que subidas en el proceso de escritura. Para mí es importante que te lleves lo siguiente como conclusión: Escribir un libro requiere cierta resistencia. La tienes aunque te tomes descansos creativos entre medias.

Lo rápido que escribas un libro y cuántas páginas tenga no es tan importante como lo que contiene al final. Cuando la historia está contada, está contada y puedes empezar la siguiente. El número de páginas no tiene nada que decir sobre el trabajo que has invertido en el libro, aunque a primera vista pueda parecer diferente. El mercado del libro sólo ve el producto terminado al final y no lo que se necesitó para terminar el producto en primer lugar.

Si alguna vez te sientes inseguro y no sabes qué hacer, seguro que hay gente a tu alrededor a la que puedes pedir consejo o simplemente un oído comprensivo. A veces basta con desahogarse, porque no estás solo en este mundo, ni siquiera escribiendo.

Recuerda que rara vez puedes complacer a todo el mundo. Habrá lectores a los que no les guste tu libro, y no pasa nada. Hay miles de millones de personas en este mundo y todas tienen gustos diferentes. Siempre que hayas satisfecho una parte decisiva de esos gustos, podrás quitarte ese peso de encima con toda confianza.